Meine Personalien

Alle aufgeführten Angaben sind sowohl von deinem Trainer, als auch von Sportvereinen gewünscht. Beim Verlust des Tagebuches erhöhen richtig ausgefüllte persönliche Angaben auch die Aussicht das Heft wieder zurück zu bekommen.

Vorname:	Name:
Sportart – Disziplin:	Trainingsjahr:
Geburtsdatum:	Geburtsort:
Land:	Straße:
Postleitzahl:	Wohnort:
Telefon:	Handy: E-mail:
Sportverein:	Anschrift:
Schule:	Anschrift:

Mein Trainer

Für den Fall, dass du deinen Trainer auch außerhalb des Trainings erreichen kannst, notiere in der Tabelle seine persönlichen Angaben.

Vorname:	Name:
Land:	Straße:
Postleitzahl:	Wohnort:
Telefon:	Handy:
E-mail:	Beruf:

Liebe junge Sportler

das Trainingstagebuch, das Du gerade aufgeschlagen hast, soll in Deinem Sportlerleben als ein vertraulicher Freund und Ratgeber einen festen Platz finden. Jetzt denkst Du vielleicht: "Wozu so einen Aufwand? Muss das wirklich sein?" Doch ! Ohne fleißige Erfassung der Trainingsdaten wären auch die großen Sportstars und Deine Vorbilder nie so erfolgreich geworden. Ich hoffe, dank des richtig geführten Trainingstagebuches, wirst Du auch bald als deren Nachfolger bekannt.

Viel Erfolg und Spaß am Sport wünscht Dir
der Autor

Autogramme und Fotos von bekannten Sportlern

Inhalt

Leistungen und Rekorde

Als eine Jahresbilanz verschafft die Tabelle einen schnellen Überblick über die Wirksamkeit deines Trainings. Trage hier sowohl deine Bestleistungen, als auch die geplanten Leistungen für das aktuelle Jahr ein. Man geht davon aus, dass sich manche Sportler nicht nur mit einer, sondern mit mehreren Disziplinen befassen. Deswegen gibt es hier die Möglichkeit gleichzeitig vier Disziplinen einzutragen. Sportler mit einer Sportart, wo man die Leistung in Sekunden, Metern oder Zentimetern nicht direkt messen kann (beispielsweise Fußballer oder Eiskunstläufer), führen hier statt "Persönliche Bestleistung" - "Bestplatzierung" auf.

Disziplin - Sportart				
Persönliche Bestleistung oder Bestplatzierung				
Jahr **20 . .**				
Jahr **20 . .**				
Geplante Leistung oder Platzierung für dieses Jahr				
Erreichte Leistung oder Platzierung in diesem Jahr				
Geplante Leistung oder Platzierung für nächstes Jahr				
Landesrekord in meiner Altersklasse				
Name des Rekordhalters				
Landesrekord - Senioren				
Name des Rekordhalters				
Letzter Olympiasieger				

Wie verändert sich mein Körper?

Hier werden die drei wichtigsten Körpermaße in Zentimeter erfasst. Für eine längerfristige Übersicht solltest du die Werte von den letzten Jahren übertragen.

Merkmal	Jahr **20 . .**	Jahr **20 . .**	Jahr **20 . .**	Jahr **20 . .**	Jahr **20 . .**
Körpergewicht					
Körpergröße					
Fußgröße					

Wie soll ich mein Trainingstagebuch richtig führen?

Wie du bereits im Vorwort erfahren konntest, ist die richtige Erfassung von Trainingsdaten ein sehr wichtiger Bestandteil deines Sportlerlebens. Falls du im Sport erfolgreich sein möchtest, musst du und dein Trainer von Anfang an wissen, was und wie du im Laufe eines Trainingsjahres trainierst. Unter dem Wort "erfolgreich" versteht man hier natürlich nicht nur eine hohe sportliche Leistung, sondern auch deine Gesundheit, das Wohlbefinden und Spaß am Sport.

In diesem Trainingstagebuch findest du neben den Tabellen für die eigene Erfassung der Trainingsdaten auch ein Paar wertvolle Tipps mit einigen aktuellen Sportthemen. Es handelt sich beispielsweise um die richtige Aufwärmung oder Pulsmessung. Angesprochen wird auch die Flüssigkeitszufuhr während des Trainings. Zusätzlich hast du die Möglichkeit jede Woche eine neue Kraft- oder Dehnübung kennenzulernen.

Die Führung des Trainingstagebuches ist ganz einfach. Vorausgesetzt, man tut es regelmäßig - am besten nach jedem Training oder sogar nach jeder Trainingseinheit. Um mögliche Fehler zu vermeiden, lese zuerst die Einleitung bei jeder Tabelle und schaue dir das Muster der Wochenauswertung an. Achte dabei auf den Trainingsinhalt und seine Bewertung durch die sechs Trainingsmerkmale (siehe Seite 6) im rechten Teil der Tabelle.

Wochenauswertung - Muster

Woche: *25*

Von: *1.6.*   Bis: *7.6.*   Übung der Woche:

Training		1	2	3	4	5	6
Montag Datum: *1. 6.*	*Lauf- und Sprungübungen - 10 min., Gymnastik, Stretching, Sprints 4x60 m, Standweitsprung - 10x, Weitsprung mit kurzem Anlauf - 10x, Fußball - 15 min.*	90	/	/	1	1	/
Dienstag Datum: *2. 6.*	*frei*						
Mittwoch Datum: *3. 6.*	*Laufen im Gelände - 15 min., Stretching - 15 min., Koordinations-Übungen - 10 min. Speerwerfen - Varianten - 40x, Schwimmen - 20 min.*	70	20	1	1	1	/
Donnerstag Datum: *4. 6.*	*Aufwärmung - 15 min., Fußball - 45 min., Sauna - 15 min.*	60	15	/	1	1	/
Freitag Datum: *5. 6.*	*Aufwärmung vor dem Wettkampf - 30 min., leichte Gymnastik - 30 min.*	60	/	/	1	1	/
Samstag Datum: *6. 6.*	*Wettkampf - Speerwerfen - 42,30 m*	/	/	/	/	/	1
Sonntag Datum: *7. 6.*	*frei*						
Wochenkommentar:	Summe:	280	35	1	4	4	1

Am Montag hatte ich nach den Sprüngen Knieschmerzen. Deshalb konnte ich am Mittwoch beim Hochsprung nicht mitmachen. Am Samstag schaffte ich trotzdem meine Jahresbestleistung im Speerwerfen. Tolle Woche!

Trainingsmerkmale

Die Tabelle zeigt für die Trainingsauswertung sehr nützliche Merkmale. Sie werden wöchentlich und jährlich ausgewertet.

Trainingsmerkmale	Merkmalnummer	Auswertung - Einheit
Trainingsdauer	1	Minuten
Regeneration	2	Minuten
Trainingsbeschränkung aus gesund. Gründen	3	Tage
Anzahl der Trainingstage	4	Tage
Anzahl der Trainingseinheiten	5	Trainingseinheiten
Anzahl der Wettbewerbe	6	Wettbewerbe

1 Trainingsdauer

Stellt die gesamte Zeit der Trainingsbelastung in Minuten dar.

2 Regeneration

Hat für den manchmal sehr hart trainierenden Sportler sehr große Bedeutung. Regenerationsmaßnahmen wie beispielsweise Massage, Sauna und verschiedene Wasserprozeduren verbessern wesentlich die Qualität der Erholung und verkürzen die dafür nötige Zeit. Regeneration wird auch in Minuten eingetragen.

3 Trainingsbeschränkung aus gesundheitlichen Gründen

Das Merkmal zeigt, wann du aus gesundheitlichen Gründen nicht eine volle Trainingsbelastung absolvieren kannst. In unserem Musterfall handelt es sich beispielsweise um Probleme mit dem Knie, wobei du natürlich auf die Sprungübungen verzichten musst. Das heißt aber nicht, dass du bei anderen Übungen nicht mitmachen darfst. In diesem Musterfall wird in dem zuständigen Tag im Feld "Trainingsbeschränkung" 1 - als ein Tag eingetragen.

4 Anzahl der Trainingstage

Das ist das Merkmal, das für die gesamte Jahresauswertung eine wesentliche Bedeutung hat. Es handelt sich dabei um die Anzahl der Tage, wann du trainiert hast.

5 Anzahl der Trainingseinheiten

Das Merkmal zeigt die Trainingshäufigkeit an. Für die Spitzensportler ist es ganz normal, dass sie zweimal täglich - vormittags und nachmittags trainieren. Das bedeutet zwei Trainingseinheiten an einem Tag zu haben. Die jungen Sportler, die noch nicht so oft trainieren, betrifft das zum Beispiel während eines Trainingslagers.

6 Anzahl der Wettbewerbe

Das letzte Merkmal ist für dich auch sehr wichtig, denn nach der gesamten Anzahl der Wettbewerbe kann man Leistungsschwächen oder verborgene Reserven besser beurteilen. Eine zu hohe Anzahl der Wettbewerbe führt beispielsweise zur Ermüdung und zum Motivationsverlust. Auf der anderen Seite kann sich wenig Wettkampferfahrung negativ auf die Wettkampftaktik auswirken.

Wochenauswertung

Woche:

Von: **Bis:** **Übung der Woche:**

Training	1	2	3	4	5	6
Montag Datum:						
Dienstag Datum:						
Mittwoch Datum:						
Donnerstag Datum:						
Freitag Datum:						
Samstag Datum:						
Sonntag Datum:						
Wochenkommentar: Summe:						

Wochenauswertung

Woche:

Von: **Bis:**

**Übung
der Woche:**

Training	1	2	3	4	5	6
Montag Datum:						
Dienstag Datum:						
Mittwoch Datum:						
Donnerstag Datum:						
Freitag Datum:						
Samstag Datum:						
Sonntag Datum:						
Wochenkommentar:	Summe:					

Wochenauswertung

Woche:

Von:　　　　**Bis:**　　　　**Übung der Woche:**

Training	1	2	3	4	5	6
Montag Datum:						
Dienstag Datum:						
Mittwoch Datum:						
Donnerstag Datum:						
Freitag Datum:						
Samstag Datum:						
Sonntag Datum:						
Wochenkommentar: Summe:						

Wochenauswertung

Woche:

Von: **Bis:**

Übung der Woche:

Training	1	2	3	4	5	6
Montag Datum:						
Dienstag Datum:						
Mittwoch Datum:						
Donnerstag Datum:						
Freitag Datum:						
Samstag Datum:						
Sonntag Datum:						
Wochenkommentar: / Summe:						

Wochenauswertung

Woche:

Von: **Bis:**   **Übung
der Woche:**

Training		1	2	3	4	5	6
Montag Datum:							
Dienstag Datum:							
Mittwoch Datum:							
Donnerstag Datum:							
Freitag Datum:							
Samstag Datum:							
Sonntag Datum:							
Wochenkommentar:	Summe:						

Wochenauswertung

Woche:

Von: **Bis:**

**Übung
der Woche:**

Training	1	2	3	4	5	6
Montag Datum:						
Dienstag Datum:						
Mittwoch Datum:						
Donnerstag Datum:						
Freitag Datum:						
Samstag Datum:						
Sonntag Datum:						
Wochenkommentar: Summe:						

Wochenauswertung

Woche:

Von: **Bis:**   **Übung der Woche:**

Training	1	2	3	4	5	6
Montag Datum:						
Dienstag Datum:						
Mittwoch Datum:						
Donnerstag Datum:						
Freitag Datum:						
Samstag Datum:						
Sonntag Datum:						
Wochenkommentar: Summe:						

Wochenauswertung

Woche:

Von: **Bis:**

**Übung
der Woche:**

Training	1	2	3	4	5	6
Montag Datum:						
Dienstag Datum:						
Mittwoch Datum:						
Donnerstag Datum:						
Freitag Datum:						
Samstag Datum:						
Sonntag Datum:						
Wochenkommentar: Summe:						

Wochenauswertung

Woche:

Von: **Bis:**   **Übung
der Woche:**

Training		1	2	3	4	5	6
Montag Datum:							
Dienstag Datum:							
Mittwoch Datum:							
Donnerstag Datum:							
Freitag Datum:							
Samstag Datum:							
Sonntag Datum:							
Wochenkommentar:	Summe:						

Wochenauswertung

Woche:

Von: **Bis:**   **Übung der Woche:**

Training	1	2	3	4	5	6
Montag Datum:						
Dienstag Datum:						
Mittwoch Datum:						
Donnerstag Datum:						
Freitag Datum:						
Samstag Datum:						
Sonntag Datum:						
Wochenkommentar: Summe:						

Wochenauswertung

Woche:

Von: **Bis:**   **Übung
der Woche:**

Training	1	2	3	4	5	6
Montag Datum:						
Dienstag Datum:						
Mittwoch Datum:						
Donnerstag Datum:						
Freitag Datum:						
Samstag Datum:						
Sonntag Datum:						
Wochenkommentar: Summe:						

Wochenauswertung

Woche:

Von: **Bis:**   **Übung
                                                         der Woche:**

Training	1	2	3	4	5	6
Montag Datum:						
Dienstag Datum:						
Mittwoch Datum:						
Donnerstag Datum:						
Freitag Datum:						
Samstag Datum:						
Sonntag Datum:						
Wochenkommentar: Summe:						

Wochenauswertung

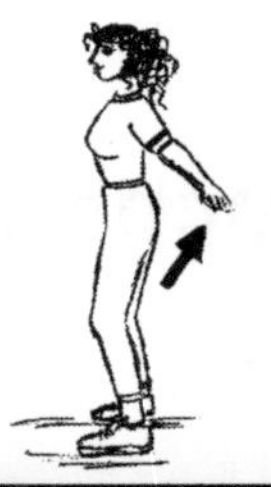

Woche:

Von: **Bis:**

**Übung
der Woche:**

Training	1	2	3	4	5	6
Montag Datum:						
Dienstag Datum:						
Mittwoch Datum:						
Donnerstag Datum:						
Freitag Datum:						
Samstag Datum:						
Sonntag Datum:						
Wochenkommentar: Summe:						

Wochenauswertung

Woche:

Von: **Bis:**   **Übung der Woche:**

Training	1	2	3	4	5	6
Montag Datum:						
Dienstag Datum:						
Mittwoch Datum:						
Donnerstag Datum:						
Freitag Datum:						
Samstag Datum:						
Sonntag Datum:						
Wochenkommentar: Summe:						

Wochenauswertung

Woche:

Von: **Bis:**

**Übung
der Woche:**

Training	1	2	3	4	5	6
Montag Datum:						
Dienstag Datum:						
Mittwoch Datum:						
Donnerstag Datum:						
Freitag Datum:						
Samstag Datum:						
Sonntag Datum:						

Wochenkommentar:

Summe:

Wochenauswertung

Woche:

Von: **Bis:**   **Übung der Woche:**

Training	1	2	3	4	5	6
Montag Datum:						
Dienstag Datum:						
Mittwoch Datum:						
Donnerstag Datum:						
Freitag Datum:						
Samstag Datum:						
Sonntag Datum:						
Wochenkommentar: Summe:						

Wochenauswertung

Woche:

Von: **Bis:**   **Übung der Woche:**

Training	1	2	3	4	5	6
Montag — Datum:						
Dienstag — Datum:						
Mittwoch — Datum:						
Donnerstag — Datum:						
Freitag — Datum:						
Samstag — Datum:						
Sonntag — Datum:						
Wochenkommentar: Summe:						

Wochenauswertung

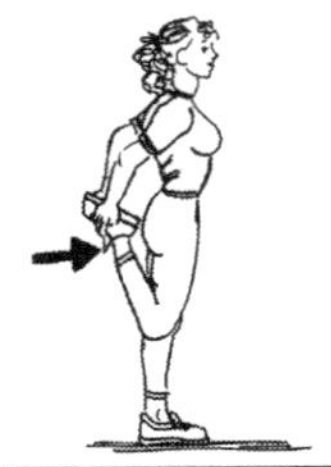

Woche:

Von: **Bis:**

**Übung
der Woche:**

Training	1	2	3	4	5	6
Montag Datum:						
Dienstag Datum:						
Mittwoch Datum:						
Donnerstag Datum:						
Freitag Datum:						
Samstag Datum:						
Sonntag Datum:						
Wochenkommentar: Summe:						

Wochenauswertung

Woche:

Von: **Bis:**

**Übung
der Woche:**

Training	1	2	3	4	5	6
Montag Datum:						
Dienstag Datum:						
Mittwoch Datum:						
Donnerstag Datum:						
Freitag Datum:						
Samstag Datum:						
Sonntag Datum:						
Wochenkommentar: Summe:						

Wochenauswertung

Woche:

Von: **Bis:**   **Übung der Woche:**

Training		1	2	3	4	5	6
Montag Datum:							
Dienstag Datum:							
Mittwoch Datum:							
Donnerstag Datum:							
Freitag Datum:							
Samstag Datum:							
Sonntag Datum:							
Wochenkommentar:	Summe:						

Wochenauswertung

Woche:

Von: **Bis:**

Übung der Woche:

Training	1	2	3	4	5	6
Montag Datum:						
Dienstag Datum:						
Mittwoch Datum:						
Donnerstag Datum:						
Freitag Datum:						
Samstag Datum:						
Sonntag Datum:						
Wochenkommentar: Summe:						

Wochenauswertung

Woche:

Von: **Bis:**

Übung der Woche:

Training	1	2	3	4	5	6
Montag Datum:						
Dienstag Datum:						
Mittwoch Datum:						
Donnerstag Datum:						
Freitag Datum:						
Samstag Datum:						
Sonntag Datum:						
Wochenkommentar: Summe:						

Wochenauswertung

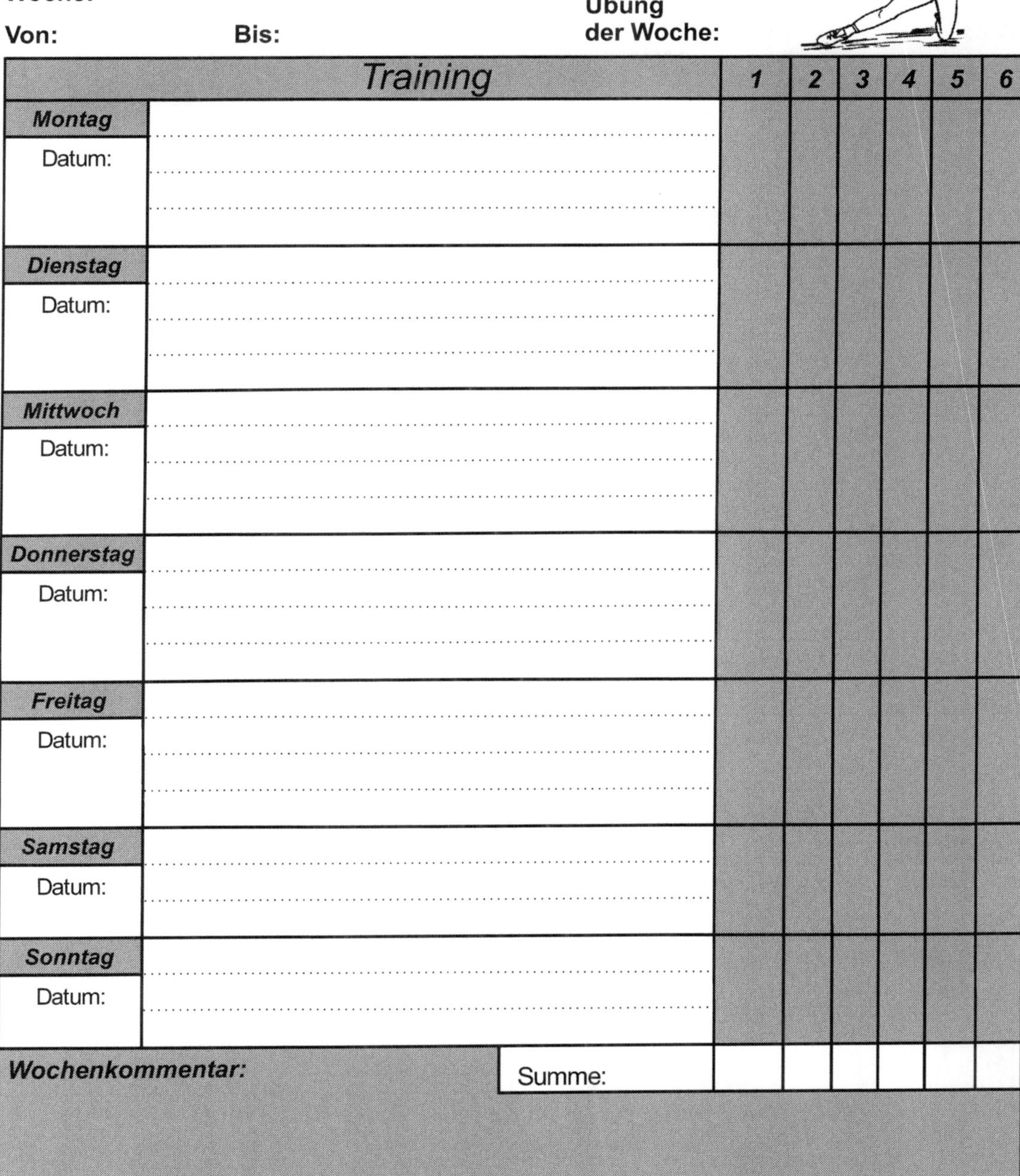

Woche:

Von: **Bis:**

**Übung
der Woche:**

Training	1	2	3	4	5	6
Montag Datum:						
Dienstag Datum:						
Mittwoch Datum:						
Donnerstag Datum:						
Freitag Datum:						
Samstag Datum:						
Sonntag Datum:						
Wochenkommentar: Summe:						

Wochenauswertung

Woche:

Von: **Bis:**

Übung der Woche:

Training	1	2	3	4	5	6
Montag Datum:						
Dienstag Datum:						
Mittwoch Datum:						
Donnerstag Datum:						
Freitag Datum:						
Samstag Datum:						
Sonntag Datum:						
Wochenkommentar: Summe:						

Wochenauswertung

Woche:

Von: **Bis:**   **Übung der Woche:**

Training	1	2	3	4	5	6
Montag Datum:						
Dienstag Datum:						
Mittwoch Datum:						
Donnerstag Datum:						
Freitag Datum:						
Samstag Datum:						
Sonntag Datum:						
Wochenkommentar: Summe:						

Wochenauswertung

Woche:

Von: **Bis:**

Übung der Woche: 

Training	1	2	3	4	5	6
Montag Datum:						
Dienstag Datum:						
Mittwoch Datum:						
Donnerstag Datum:						
Freitag Datum:						
Samstag Datum:						
Sonntag Datum:						
Wochenkommentar: Summe:						

Wochenauswertung

Woche:

Von: **Bis:**

**Übung
der Woche:**

Training	1	2	3	4	5	6
Montag Datum:						
Dienstag Datum:						
Mittwoch Datum:						
Donnerstag Datum:						
Freitag Datum:						
Samstag Datum:						
Sonntag Datum:						
Wochenkommentar: Summe:						

Wochenauswertung

Woche:

Von: **Bis:**

Übung der Woche: 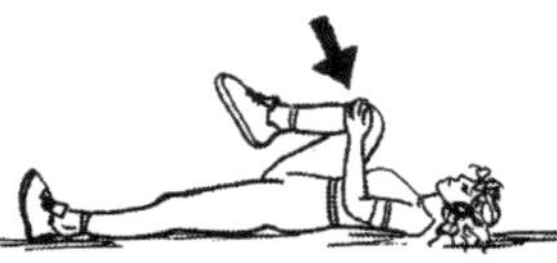

Training	1	2	3	4	5	6
Montag Datum:						
Dienstag Datum:						
Mittwoch Datum:						
Donnerstag Datum:						
Freitag Datum:						
Samstag Datum:						
Sonntag Datum:						
Wochenkommentar: Summe:						

Wochenauswertung

Woche:

Von: **Bis:**

**Übung
der Woche:**

Training	1	2	3	4	5	6
Montag Datum:						
Dienstag Datum:						
Mittwoch Datum:						
Donnerstag Datum:						
Freitag Datum:						
Samstag Datum:						
Sonntag Datum:						
Wochenkommentar: Summe:						

Wochenauswertung

Woche:

Von: **Bis:** **Übung der Woche:** 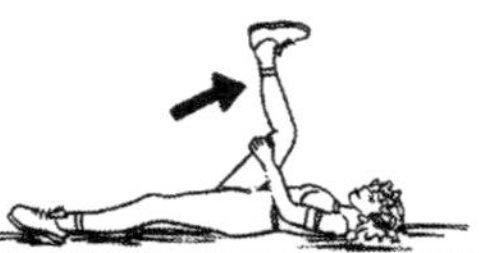

Training	1	2	3	4	5	6
Montag Datum:						
Dienstag Datum:						
Mittwoch Datum:						
Donnerstag Datum:						
Freitag Datum:						
Samstag Datum:						
Sonntag Datum:						
Wochenkommentar: Summe:						

Wochenauswertung

Woche:

Von: **Bis:**   **Übung
der Woche:** 

Training	1	2	3	4	5	6
Montag Datum:						
Dienstag Datum:						
Mittwoch Datum:						
Donnerstag Datum:						
Freitag Datum:						
Samstag Datum:						
Sonntag Datum:						
Wochenkommentar: Summe:						

Wochenauswertung

Woche:

Von: **Bis:**   **Übung der Woche:**

Training	1	2	3	4	5	6
Montag Datum:						
Dienstag Datum:						
Mittwoch Datum:						
Donnerstag Datum:						
Freitag Datum:						
Samstag Datum:						
Sonntag Datum:						
Wochenkommentar: Summe:						

Wochenauswertung

Woche:

Von: **Bis:**   **Übung der Woche:**

Training	1	2	3	4	5	6
Montag Datum:						
Dienstag Datum:						
Mittwoch Datum:						
Donnerstag Datum:						
Freitag Datum:						
Samstag Datum:						
Sonntag Datum:						
Wochenkommentar: Summe:						

Wochenauswertung

Woche:

Von: **Bis:**

**Übung
der Woche:**

Training	1	2	3	4	5	6
Montag Datum:						
Dienstag Datum:						
Mittwoch Datum:						
Donnerstag Datum:						
Freitag Datum:						
Samstag Datum:						
Sonntag Datum:						
Wochenkommentar: Summe:						

Wochenauswertung

Woche:

Von: **Bis:**   **Übung der Woche:**

Training	1	2	3	4	5	6
Montag Datum:						
Dienstag Datum:						
Mittwoch Datum:						
Donnerstag Datum:						
Freitag Datum:						
Samstag Datum:						
Sonntag Datum:						
Wochenkommentar: Summe:						

Wochenauswertung

Woche:

Von: **Bis:**

Übung der Woche:

Training	1	2	3	4	5	6
Montag Datum:						
Dienstag Datum:						
Mittwoch Datum:						
Donnerstag Datum:						
Freitag Datum:						
Samstag Datum:						
Sonntag Datum:						
Wochenkommentar: Summe:						

Wochenauswertung

Woche:

Von: **Bis:**   **Übung der Woche:**

Training	1	2	3	4	5	6
Montag Datum:						
Dienstag Datum:						
Mittwoch Datum:						
Donnerstag Datum:						
Freitag Datum:						
Samstag Datum:						
Sonntag Datum:						
Wochenkommentar: Summe:						

Wochenauswertung

Woche:

Von: **Bis:**

Übung der Woche:

Training	1	2	3	4	5	6
Montag Datum:						
Dienstag Datum:						
Mittwoch Datum:						
Donnerstag Datum:						
Freitag Datum:						
Samstag Datum:						
Sonntag Datum:						
Wochenkommentar: Summe:						

Wochenauswertung

Woche:

Von: **Bis:**   **Übung der Woche:**

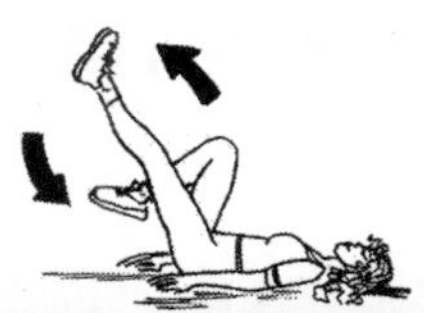

Training	1	2	3	4	5	6
Montag Datum:						
Dienstag Datum:						
Mittwoch Datum:						
Donnerstag Datum:						
Freitag Datum:						
Samstag Datum:						
Sonntag Datum:						
Wochenkommentar: Summe:						

Wochenauswertung

Woche:

Von: **Bis:**

Übung der Woche:

Training	1	2	3	4	5	6
Montag Datum:						
Dienstag Datum:						
Mittwoch Datum:						
Donnerstag Datum:						
Freitag Datum:						
Samstag Datum:						
Sonntag Datum:						
Wochenkommentar: Summe:						

Wochenauswertung

Woche:

Von: **Bis:**

**Übung
der Woche:**

Training	1	2	3	4	5	6
Montag Datum:						
Dienstag Datum:						
Mittwoch Datum:						
Donnerstag Datum:						
Freitag Datum:						
Samstag Datum:						
Sonntag Datum:						
Wochenkommentar: Summe:						

Wochenauswertung

Woche:

Von: **Bis:**   **Übung der Woche:**

Training	1	2	3	4	5	6
Montag Datum:						
Dienstag Datum:						
Mittwoch Datum:						
Donnerstag Datum:						
Freitag Datum:						
Samstag Datum:						
Sonntag Datum:						
Wochenkommentar: Summe:						

Wochenauswertung

Woche:

Von: **Bis:**   **Übung der Woche:**

Training	1	2	3	4	5	6
Montag Datum:						
Dienstag Datum:						
Mittwoch Datum:						
Donnerstag Datum:						
Freitag Datum:						
Samstag Datum:						
Sonntag Datum:						
Wochenkommentar: Summe:						

Wochenauswertung

Woche:

Von: **Bis:** **Übung der Woche:**

Training	1	2	3	4	5	6
Montag Datum:						
Dienstag Datum:						
Mittwoch Datum:						
Donnerstag Datum:						
Freitag Datum:						
Samstag Datum:						
Sonntag Datum:						
Wochenkommentar: Summe:						

Wochenauswertung

Woche:

Von: **Bis:**   **Übung der Woche:**

Training		1	2	3	4	5	6
Montag Datum:							
Dienstag Datum:							
Mittwoch Datum:							
Donnerstag Datum:							
Freitag Datum:							
Samstag Datum:							
Sonntag Datum:							
Wochenkommentar:	Summe:						

Wochenauswertung

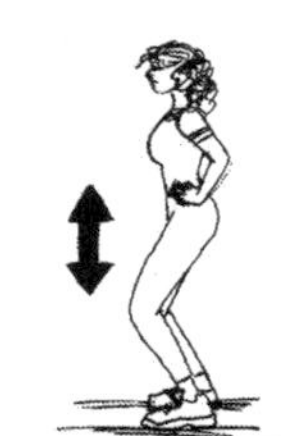

Woche:

Von: **Bis:**

Übung der Woche:

Training	1	2	3	4	5	6
Montag Datum:						
Dienstag Datum:						
Mittwoch Datum:						
Donnerstag Datum:						
Freitag Datum:						
Samstag Datum:						
Sonntag Datum:						
Wochenkommentar: Summe:						

Wochenauswertung

Woche:

Von: **Bis:**

**Übung
der Woche:** 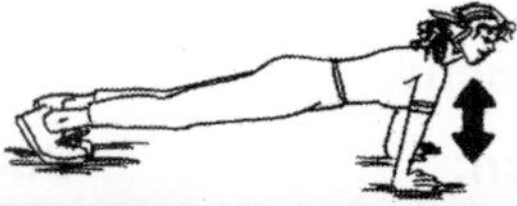

Training	1	2	3	4	5	6
Montag Datum:						
Dienstag Datum:						
Mittwoch Datum:						
Donnerstag Datum:						
Freitag Datum:						
Samstag Datum:						
Sonntag Datum:						
Wochenkommentar: Summe:						

Wochenauswertung

Woche:

Von: **Bis:**

Übung der Woche: 

Training	1	2	3	4	5	6
Montag Datum:						
Dienstag Datum:						
Mittwoch Datum:						
Donnerstag Datum:						
Freitag Datum:						
Samstag Datum:						
Sonntag Datum:						
Wochenkommentar: Summe:						

Wochenauswertung

Woche:

Von: **Bis:**

**Übung
der Woche:** 

Training	1	2	3	4	5	6
Montag Datum:						
Dienstag Datum:						
Mittwoch Datum:						
Donnerstag Datum:						
Freitag Datum:						
Samstag Datum:						
Sonntag Datum:						
Wochenkommentar: Summe:						

Wochenauswertung

Woche:

Von: **Bis:**

Übung der Woche:

Training	1	2	3	4	5	6
Montag Datum:						
Dienstag Datum:						
Mittwoch Datum:						
Donnerstag Datum:						
Freitag Datum:						
Samstag Datum:						
Sonntag Datum:						
Wochenkommentar: Summe:						

Wochenauswertung

Woche:

Von: **Bis:**

**Übung
der Woche:**

Training	1	2	3	4	5	6
Montag Datum:						
Dienstag Datum:						
Mittwoch Datum:						
Donnerstag Datum:						
Freitag Datum:						
Samstag Datum:						
Sonntag Datum:						
Wochenkommentar: Summe:						

Wochenauswertung

Woche:

Von: **Bis:**   **Übung der Woche:**

Training	1	2	3	4	5	6
Montag Datum:						
Dienstag Datum:						
Mittwoch Datum:						
Donnerstag Datum:						
Freitag Datum:						
Samstag Datum:						
Sonntag Datum:						
Wochenkommentar: Summe:						

Wochenauswertung

Woche:

Von: **Bis:** **Übung der Woche:**

Training	1	2	3	4	5	6
Montag Datum:						
Dienstag Datum:						
Mittwoch Datum:						
Donnerstag Datum:						
Freitag Datum:						
Samstag Datum:						
Sonntag Datum:						
Wochenkommentar: Summe:						

Wochenauswertung

Woche:

Von: **Bis:**   **Übung der Woche:**

Training	1	2	3	4	5	6
Montag — Datum:						
Dienstag — Datum:						
Mittwoch — Datum:						
Donnerstag — Datum:						
Freitag — Datum:						
Samstag — Datum:						
Sonntag — Datum:						
Wochenkommentar: Summe:						

Wozu soll ich meine Pulsfrequenz kontrollieren?

Dein Herz ist der fleißigste Muskel deines Körpers. Im Training oder bei der Erholung arbeitet es wie eine Pumpe pausenlos ohne nachlassen zu dürfen. Mit jedem Herzschlag wird dem Körper " der Treibstoff " - sauerstoffreiches Blut geliefert. In Ruhe schlägt dein Herz etwa 60 bis 70mal pro Minute. Während des anstrengenden Trainings kann die Pulsfrequenz sogar 200 Schläge pro Minute erreichen. Der eigene Puls ist eben ein ausgezeichnetes Messinstrument, das uns zeigt, ob die Trainingsbelastung ausreichend ist. Wie kann man also die Pulsfrequenz am besten messen? Es ist einfach und du wirst es ganz bestimmt bald lernen. Die erste Stelle an deinem Körper, wo du deinen Puls ohne großen Aufwand mit zwei Fingern feststellen kannst, ist das Handgelenk. Zähle hier die Pulsschläge innerhalb von 15 Sekunden. Die Zeit kannst du selbst von deiner Armbanduhr ablesen oder dein Trainer wird dir sicherlich behilflich sein. Um die Pulsschläge pro Minute zu bekommen, multipliziere das Ergebnis mit vier. Die zweite Möglichkeit für die Messung der Pulsfrequenz zeigt die nächste Abbildung. Es handelt sich um den Bereich des unteren Herzteiles. Das weitere Vorgehen ist gleich wie im vorigen Fall.

Vorsicht!

Im Training kommt es ziemlich oft zu fehlerhafter Pulsmessung am Hals. Aufgrund bestimmter biologischer Prinzipien ist diese Methode nicht ratsam. Die letzte richtige Methode der Pulsmessung ist die Benutzung einer speziellen Armbanduhr, die die Pulsfrequenz auch während der Bewegung messen und gleichzeitig abspeichern kann. Sie eignet sich besser für erfahrene und allein trainierende Sportler.

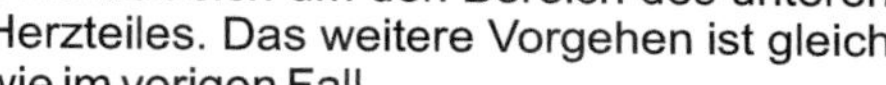

Die richtige Aufwärmung vor dem Training oder Wettkampf

Dein Körper ist wie ein Auto. Er kann volle Leistung erst dann bringen, wenn er richtig aufgewärmt ist. Ansonsten kann es zu Körperschäden - Verletzungen führen. Manche der vorgestellten Wochenübungen helfen dir das unangenehme Risiko auszuschließen. Jedoch nicht nur richtig ausgewählte Übungen, sondern auch deren Methodik und Reihenfolge spielen eine sehr wichtige Rolle. Deine Aufwärmung soll jeweils mit einem langsamen Lauf mit verschiedenen Übungen beginnen. Das Tempo soll dich dabei nur zum leichten Schwitzen bringen. Anschließend folgen Kreisübungen der großen Gelenke (Arm-, Beinkreisen) und zum Schluss Dehnübungen - Stretching. Diese Übungen, die die Hauptmuskeln für nachfolgende Belastungen vorbereiten, führe langsam in einem gleichmäßigen Tempo durch. Halte die eigene Dehnung ungefähr sieben Sekunden.

Dein Körper braucht Flüssigkeitszufuhr auch während des Trainings

Der richtig funktionierende menschliche Organismus besteht aus etwa 60 Prozent Wasser. Beim Training verliert dein Körper ziemlich viel Flüssigkeit durch Schwitzen. Es ist völlig klar, der Verlust muss natürlich ausgeglichen werden. Wissenschaftler haben bewiesen, dass die Flüssigkeitszufuhr nicht nur nach der Belastung, sondern auch während des Trainings nötig ist. Ansonsten fühlt man sich schwach, die Bewegungen sind nicht mehr so kraftvoll, die Pulsfrequenz wird beschleunigt und die Körpertemperatur steigt an. Jedoch eignen sich für Sportler nicht alle Getränke gleich gut. Es ist wichtig, dem Körper die richtigen Getränke in der richtigen Menge zuzuführen. Grundsätzlich gilt, dass keine süßen Limonaden oder Cola-Getränke geeignet sind. Besser sind ungezuckerte Fruchtsäfte oder einfaches Wasser. Bei den Mineralwässern werden Marken mit möglichst hohem Kalium- und Magnesiumgehalt bevorzugt. Weitere Fragen zu speziellen Sportgetränken wird dir sicherlich dein Trainer gerne beantworten.

Wie fit bin ich überhaupt?

Diese Frage solltest du dir mindestens viermal im Jahr stellen. Die Antworten sind das Ergebnis der beschriebenen Tests der allgemeinen Kondition. Natürlich ist auch hier der Vergleich der Ergebnisse (entweder persönlicher oder mit anderen Sportlern) sinnvoll. Im unteren Teil der Tabelle auf der nächsten Seite gibt es freie Felder, wo du nach Absprache mit deinem Trainer weitere allgemeine Tests eintragen kannst.

50-Meter-Lauf

Wird mit dem Tiefstart aus dem Startblock durchgeführt.

Standweitsprung

Vor dem Absprung müssen die ganzen Sohlen auf dem Boden sein (Fußspitzen nicht auf eine Kante).

Ballwerfen beidhändig

Medizinball (Gewicht 1 bis 2 Kilogramm - je nach Altersklasse) wird beidhändig über den Kopf nach vorne geworfen. Es ist erlaubt nach dem Abwurf die Abwurflinie zu übertreten.

Situps

In Rückenlage mit angestellten Beinen und den Händen an den Schläfen, wird der Oberkörper mit rundem Rücken gehoben. Die Ellenbogen kommen bis zu den Knien. Beim Absenken bleibt der Kopf über dem Boden.

Tiefe Rumpfbeuge

Die Bewegung (ohne Kniebeugung) wird langsam ausgeführt. Die Hände reichen dabei tiefer als normal.

Cooper-Test

12 Minuten Dauerlauf - wird meistens auf der Laufbahn ausgeführt (hier werden Runden gezählt). In freier Natur muss ein Abstand gemessen werden.

Tests der allgemeinen Kondition

Test	Auswertung - Messung	Ergebnisse				
		Datum:	Datum:	Datum:	Datum:	Datum:
50 - Meter-Lauf	Laufzeit in Sekunden					
Standweit-sprung	Sprungweite in Zentimeter					
Ballwerfen beidhändig	Wurfweite in Meter					
Situps	Anzahl der Wiederhol. pro Minute					
Tiefe Rumpfbeuge	Überhang in Zentimeter					
Cooper-Test	Laufweite in Meter					

Sportartspezifische Tests

Die Tests sind mehr an die speziellen Fähigkeiten orientiert. Das heißt, jede Sportleistung ist durch ein bestimmtes Verhältnis von Kraft-, Schnell- und Ausdauerfähigkeiten geprägt. Der Gewichtheber benötigt beispielsweise mehr Kraft und der Marathonläufer mehr Ausdauer. Jede Fähigkeit hat sogar noch weitere Unterstufen, die für jede Sportart eine andere Bedeutung haben. In der Tabelle sind deshalb die Felder frei, um nach Absprache mit dem Trainer typische Tests für deine Sportart oder Disziplin einzutragen. Um den aktuellen Trainingszustand zu erfahren, sollten die Tests öfters - am besten jeden Monat durchgeführt werden.

Test	Zyklen - Monate													Bestleistung
	1	2	3	4	5	6	7	8	9	10	11	12	13	
Datum:														

Wettkämpfe und Ergebnisse

Die Tabelle informiert über die Häufigkeit und die Ergebnisse der Wettkämpfe (und Turniere) im gesamten Trainingsjahr. Nachträglich ist es dann einfach festzustellen, wie du in einem gewissen Zeitabstand vor dem Wettkampf trainiert hast und ob die Leistung der vorherigen Trainingsarbeit entspricht.

Datum	Wettkampf	Disziplin	Leistung	Platzierung	Bemerkung

Datum	Wettkampf	Disziplin	Leistung	Platzierung	Bemerkung

Verletzungen und Krankheiten

Diese Tabelle, in der es sich um deine Gesundheit handelt, ist ein sehr wichtiger Bestandteil des Tagebuches. Im Laufe des Jahres kann es passieren, dass du außer deinem Arzt noch andere Ärzte, Spezialisten oder Therapeuten besuchst. Falls jede Behandlung in der Tabelle eingetragen ist (vor allem die Telefonnummer von dem Arzt oder Therapeuten) kann sich der behandelnde Arzt problemlos mit seinem Kollegen in Verbindung setzen, um weitere Details zur letzten Diagnose zu erfahren.

Datum	Diagnose	Therapie - Maßnahme	Betreut durch:
			Arzt: Telefon:
			Arzt: Telefon:
			Arzt: Telefon:
			Arzt: Telefon:
			Arzt: Telefon:
			Arzt: Telefon:
			Arzt: Telefon:
			Arzt: Telefon:
			Arzt: Telefon:
			Arzt: Telefon:
			Arzt: Telefon:
			Arzt: Telefon:
			Arzt: Telefon:
			Arzt: Telefon:
			Arzt: Telefon:
			Arzt: Telefon:
			Arzt: Telefon:

Jahresauswertung

Die Tabelle der Jahresauswertung zeigt zuverlässig, wieviel Trainingsarbeit du letztes Jahr geleistet hast. Die erreichten Werte sind ein guter Ausgangspunkt für die Planung des nächsten Trainingsjahres. Deshalb ist die richtige Übertragung der Wochenwerte in die entsprechenden Felder äußerst wichtig. Die Gesamtsumme errechnet sich aus den zwei Zwischensummen.

Woche	Merkmal 1	2	3	4	5	6	Woche	Merkmal 1	2	3	4	5	6
1							28						
2							29						
3							30						
4							31						
5							32						
6							33						
7							34						
8							35						
9							36						
10							37						
11							38						
12							39						
13							40						
14							41						
15							42						
16							43						
17							44						
18							45						
19							46						
20							47						
21							48						
22							49						
23							50						
24							51						
25							52						
26							53						
27													
Summe 1-27:							Summe 28-53:						

Gesamt = Summe (1-27) + Summe (28-53)

Persönliche Jahresauswertung

Fasse hier mit eigenen Worten kurz und knapp deine Meinung zusammen. Deine Ansichten sagen manchmal mehr aus als nur die Zahlen. Der Fragebogen ist somit ein Ausgangspunkt für die Vorbereitung der nächsten Trainingspläne.

1. Wie beurteile ich mein letztes Trainingsjahr?

2. Wo habe ich mich in diesem Jahr verbessert?

3. Welche Schwierigkeiten sind im Training aufgetreten?

4. Welche Probleme hatte ich im Wettkampf?

5. Habe ich versucht die Probleme zu lösen? Falls ja, wie?

6. Möchte ich mehr trainieren?

7. Was will ich mehr trainieren?

8. Wann habe ich Zeit, dies zu trainieren?

9. Meine Trainingsziele:

10. Meine Wettkampfsziele:

Bemerkungen

Bemerkungen

Bemerkungen

Richter, Thomas:
Trainingstagebuch für den jungen Sportler
Herstellung: Books on Demand GmbH
© Thomas Richter, 2002, alle Rechte vorbehalten
Titelfotos: POLAR
Zeichnungen: Richter Archiv
Lektorat: Reiner Morbitzer
ISBN 3-8311-4007-3